Gustave Toudouze

Les Cuirassiers de Reichshoffen

G^d Panorama Français
251, Rue St Honoré

Notice Historique
Prix : 75 centimes

GUSTAVE TOUDOUZE

LES CUIRASSIERS
DE
REICHSHOFFEN

PEINTS PAR

MM. T. POILPOT & S. JACOB

NOTICE HISTORIQUE

Avec Explication, Plan du Panorama et Carte de la
Bataille de Frœschwiller

DESSINS DE MM. POILPOT, JACOB ET L. DU PATY

Prix : 75 centimes

PARIS

SOCIÉTÉ FRANÇAISE DES GRANDS PANORAMAS

251, Rue Saint-Honoré, 251

1881

NOTICE
SUR LA
BATAILLE DE FRŒSCHWILLER
(REICHSHOFFEN)
6 Août 1870

PRÉLIMINAIRES

A la date du 19 juillet 1870, la France notifiait officiellement à la Prusse la déclaration de guerre.

Après l'insignifiant engagement du 2 août à Saarbrück, venait le premier combat, le 4 août, l'écrasement à Wissembourg et au Geissberg des 7,000 hommes de la division Douay. — Dès onze heures et demie du matin, le général Abel Douay était mortellement frappé, et 80,000 Prussiens, après avoir subi d'énormes pertes, finissaient par vaincre la vaillante petite armée.

Cette même IIIe armée, commandée en chef par le Prince Royal de Prusse, Fritz, nous allons la retrouver à la fatale journée, appelée par les Prussiens *Bataille de Wœrth*, par les Français *Bataille de Frœschwiller*, et désormais immortelle dans l'histoire de l'héroïsme militaire sous ce nom unique, — *Reichshoffen*.

Ce que nous avons l'intention de raconter, aussi succinctement que possible, c'est l'effroyable et glorieuse lutte de 35,000 Français contre 140,000 Allemands, pendant toute une journée, de 7 heures du matin à la nuit, avec une artillerie inférieure en nombre et en puissance.

Sous le commandement en chef du maréchal de Mac-Mahon, le Ier corps français, comprenant les divisions Ducrot (1re), Abel Douay, par intérim Pellé (2e), Raoult (3e), Lartigue (4e), la division de cavalerie Duhesme ; — avec la division Conseil-Dumesnil (1re du 7e corps, Félix Douay) et la réserve de cavalerie du général Bonnemains, devait combattre cinq corps d'armée allemands, sous le commandement en chef du Prince-Royal de Prusse, c'est-à-dire : le Ve (lieutenant-général de Kirchbach) ; — le XIe (lieutenant-général de Bose) ; — le Ier corps Bavarois (général d'infanterie, baron de Tann-Rathsamhausen) ; — le IIe corps Bavarois (général d'infanterie de Hartmann) ; — le corps Wurtembergeois-Badois (lieutenant-général de Werder).

POSITIONS

e matin de la bataille, les deux armées occupaient les positions suivantes :

Pour l'armée française :

La division du général Ducrot (brigades Wolff et de Postis du Houlbec), ayant son aile droite en avant de Frœschwiller, appuyait sa gauche à la forêt dite Grosser Wald s'étendant vers Reichshoffen. Elle faisait ainsi face à Lembach, avec une compagnie d'avant-postes dans les villages de Neehwiller et de Jœgerthal ; — Des bouquets de bois y masquaient l'approche des Prussiens.

La division du général Raoult avait sa Ire brigade (général Lhériller) devant Gœrsdorf et sa 2e (général Lefebvre) entre Frœschwiller et Elsasshausen, qui se trouve un peu en contrebas du premier village.

La division, Lartigue présentait le front de sa Ire brigade (général Fraboulet de Kerléadec) à Gunstett, et celui de la 2e (général Lacretelle) à Morsbronn, village non occupé.

La division commandée par le général de brigade Pellé, remplaçant Abel Douay, se tenait en réserve derrière la droite de la division Raoult et la gauche de la division Lartigue, avec les deux brigades Pelletier de Montmarie et Pellé.

En arrière de la division Lartigue se massait la division Conseil-Dumesnil du 7e corps (brigades de Nicolaï et Maire) et la brigade de cuirassiers Michel, sous les ordres du général de division Duhesme.

Aux sources de l'Eberbach, derrière la division Raoult, étaient placées la deuxième division de cavalerie de réserve (général Bonnemains), la brigade de cavalerie légère (général Septeuil). — Enfin la brigade Nansouty avait été fractionnée en cavalerie légère.

Pendant la plus grande partie de la bataille, le maréchal de Mac-Mahon se tint sur la hauteur placée à l'Est d'Elsasshausen.

Les troupes engagées dans cette sanglante journée, furent les 18e, 96e, 45e, 50e, 74e, 78e, 36e, 48e, 56e, 87e, 3e, 21e, 47e et 99e de ligne ; — les 13e, 16e, 8e, 1er et 17e chasseurs à pied ; — les 1er, 2e et 3e zouaves ; — les 1er, 2e et 3e tirailleurs algériens ; — les 1er, 2e, 3e, 4e, 8e et 9e cuirassiers ; — le 3e hussards ; — le 11e chasseurs à cheval ; — les 2e et 6e lanciers et le 10e dragons.

Pour l'armée allemande :

Le IIe corps Bavarois et le Ve corps Prussiens se trouvaient à Lembach et à Preuschdorf.

Le général de Hartmann dirigeait la 4e division (lieutenant-général comte de Bothmer) vers l'ouest.

La 7e brigade d'infanterie (général-major de Thiereck) envoyant deux bataillons du 5e régiment et un escadron du 2e chevau-légers sur la Kuhbrüke, dans la vallée de la Sauër, pour donner la main au Ve corps. Le reste de la 7e brigade prenant position au sud de Mattstall, sur la route de Langen-Sulzbach, avec les trois autres escadrons du 2e chevau-légers et une batterie.

La 8e brigade d'infanterie (général-major Maillinger) et ses trois batteries se déployant au nord de Mattstall.

La réserve, composée de la brigade de hulans du général-major de Mulzer, et de l'artillerie du colonel de Pillement restant à Lembach.

A gauche de la Kuhbrücke, par Spachbach, jusqu'à Gunstett, les avant-postes prussiens étaient fournis par la 20e brigade d'infanterie (général-major de Walther de Montbary) du Ve corps. — A Gœrsdorf, la moitié du Ier bataillon du 37e (fusiliers) ; — à Gunstett, le 2e bataillon du 50e (infanterie) et le 4e escadron du 14e de dragons. — A l'ouest de Dieffenbach, le reste de la brigade. Les autres troupes de la 10e division d'infanterie (général-major de Schmidt) au sud et à l'est de Dieffenbach. Mitschdorf et Preuschdorf étaient occupés chacun par un bataillon de la 10e division.

Le Ier corps Bavarois (général d'infanterie, baron de Tann Rathsamhausen, avec les lieutenants-généraux de Stephan et comte de Pappenheim) marchait à travers le Hoch Wald vers la Sauër par Lobsann et Lampertsloch.

Le XIe corps Prussien (lieutenant-général de Bose) avait ses avant-postes vers la Sauër, occupant Surbourg et la route de Haguenau.

Le quartier général du Prince Royal de Prusse, gardé par le Ier bataillon du 82e d'infanterie, de Hesse (21e division, XIe corps), était à Soultz.

MATINÉE (de 7 heures à 1 heure)

i les Français ni les Allemands ne pensaient qu'une bataille dût avoir lieu ce jour-là, et, comme dans bien des circonstances, les petites causes eurent de formidables effets.

A 7 heures, le général-major de Walther, craignant une retraite des troupes françaises, pousse, pour s'en assurer, une reconnaissance en avant et jette dans Wœrth des obus qui mettent le feu. Immédiatement les Français ripostent ; à la fusillade des tirailleurs se joint le grondement de l'artillerie : l'action est engagée.

A la même heure, un engagement semblable avait lieu devant Gunstett.

A 8 heures 1/4 enfin, les Bavarois de la 4e division marchaient vers Frœschwiller et se voyaient foudroyer par les mitrailleuses ; ce massacre dure jusqu'à 10 heures 1/2, moment où le Prince Royal envoie au général Hartmann l'ordre de cesser la lutte.

Mais le Ve corps, aux prises avec les Français, n'ayant pas l'avantage, le général Hartmann reçoit l'ordre de se porter de nouveau en avant pour soutenir le général Kirchbach.

Sur le centre, à 8 heures 1/2, l'artillerie du Ve corps réunie à celle du XIe, soit 108 bouches à feu, braquées de Gœrsdorf à Spachbach, écrase nos 50 canons et mitrailleuses, de sorte qu'à 10 heures 1/2, le général de Kirchbach peut s'emparer de Wœrth.

— Deux bataillons ayant alors traversé le Sauërbach entre Wœrth et Spachbach, abordent les croupes d'Elsasshausen et parviennent à gagner un bois où les rejoint le XIe corps.

A 11 heures 1/2, malgré ses efforts et son nombre, l'ennemi, repoussé sur toute la ligne, de Neehwiller à Morsbronn, n'avait pu occuper une seule hauteur. Et même, à midi, le 2e zouaves, avec le général Lhériller, tente de reprendre Wœrth.

C'est l'heure où le commandant du V⁰ corps, voyant ses troupes faiblir, appelle à son secours les Bavarois du II⁰ corps et le XI⁰ corps.

Dans la matinée également, aux environs de 8 heures, les Français, sous la protection de cinq batteries placées sur les éminences de la rive droite, en face du Bruchmühle, avaient essayé d'enlever d'assaut Gunstett, occupé par le V⁰ corps. — Le XI⁰ corps arrivant, avait repoussé les Français jusqu'au bois de Nieder-Wald, où ceux-ci, reprenant l'avantage, firent à la baïonnette un horrible massacre des Prussiens. Au Bruchmühle, le général de Lartigue, avec les brigades Fraboulet de Kerléadec et Lacretelle, obtenait le même succès.

Ému de la situation, le Prince Royal allait enfin quitter Soultz, et se transporter sur le théâtre de l'action, pour faire donner toutes les forces allemandes à la fois, soit 140,000 hommes et 500 bouches à feu contre les 35,000 français qui luttaient si héroïquement depuis le matin. — Chaque division française devra tenir tête à un corps d'armée allemand, 5 divisions contre 5 corps complets.

ATTAQUE D'ELSASSHAUSEN & DE FRŒSCHWILLER

A 1 heure, le Prince Royal arrivait donc sur la hauteur de Wœrth et prenait en personne la direction de cette bataille, qu'il ne voulait pas engager le matin.

Les troupes françaises conservaient encore toutes leurs positions, mais les Allemands avaient fait un considérable mouvement en avant et notre artillerie n'était pas de force à lutter longtemps avec la leur. — Un sanglant combat s'engage sur la rive droite de la Sauër que viennent de traverser les soldats du Ve corps, le colonel de Burghoff est tué, le colonel Michelmann blessé ; leurs régiments sont sauvés par l'arrivée du régiment des grenadiers du Roi. Les Prussiens, grâce au nombre et aux troupes fraîches, parviennent à occuper le plateau entre Wœrth et le Nieder Wald, et de là bombardent Elsasshausen.

A 2 heures une nouvelle attaque échoue et les Allemands, en force, profitent du mouvement de retraite des Français pour gravir à leur suite les hauteurs, tandis qu'au sud-ouest de Wœrth d'autres masses ennemies enlèvent également des croupes montagneuses. Tout le Ve corps domine Elsasshausen et menace Frœschwiller.

MORSBRONN

Pendant ce temps l'aile droite soutenait également les attaques furieuses et répétées du XIe corps.

A midi les bataillons du XIe corps, partis de Spachbach, parviennent à occuper une partie du Niederwald, et le général de Lartigue lutte héroïquement dans l'Albrechtshaüserof contre des masses considérables. Il finit par être écrasé par les bombes et les obus, et le 3e tirailleurs algériens est presque anéanti ; mais les ennemis ont subi des pertes cruelles : le colonel de Koblinski a été mis hors de combat et le lieutenant-général de Bose blessé.

A l'extrême droite les Prussiens s'emparent brusquement de Morsbronn ; la situation devient grave, car, si l'ennemi dépasse Morsbronn, le général Raoult est débordé. Alors a lieu la première des deux charges immortelles de cette mémorable journée.

La brigade Michel, quittant son abri, un ravin au sud du Nieder Wald, accourt par échelons ; au premier rang le 8e cuirassiers avec le colonel Guiot de la Rochère, en colonne par escadrons ; ensuite le 9e cuirassiers, avec le colonel Vaternaux, ayant trois escadrons déployés et le quatrième en colonne, et derrière eux le 6e lanciers, de la brigade Nansouty, commandé par le colonel Poissonniers. Telle est la composition de cette admirable troupe qui pousse droit sur Morsbronn, sous la fusillade dirigée contre sa gauche par les Prussiens occupant l'Albrechtshaüserhot.

Ils sont accueillis par une fusillade meurtrière qui les décime en un instant et leurs débris vont encore se faire massacrer dans les rues du village ; 8e et 9e subissent le même sort, foudroyés à bout portant de toutes les fenêtres, par le 80e régiment. Il en est de même pour le 6e lanciers. Bien peu de ces malheureux échappent à cette boucherie, car dans leur retraite même, exténués, ils sont assaillis par les Hussards prussiens et achevés.

Cette charge sauva la droite de l'armée française et permit aux généraux de Lartigue et Conseil-Dumesnil de replier leur infanterie sur Eberbach et le Niederwald. Avaient été tués le général de brigade Maire (7e corps) et le colonel Poissonniers du 6e lanciers.

A 7 h. 1/2 les Français font un retour offensif et reprennent l'Albrechtshaüserhof ; malheureusement l'artillerie de Gunstett les écrase de nouveau et ils sont rejetés dans le Niederwald où les Prussiens s'engagent vers 2 h. 1/2. Le colonel du 88e prussien Köhn de Jaski est tué par un obus durant la lutte corps à corps qui a lieu dans ces bois.

PRISE D'ELSASSHAUSEN

e sont les divisions Conseil-Dumesnil, de Lartigue et Pellé, harassées de fatigue par cette lutte sans repos depuis le matin, qui défendent Elsasshausen contre l'attaque allemande. 8 batteries prussiennes, dirigées par le colonel de Bronikowski et le général Hausmann, prennent position en arrière d'une allée de cerisiers à l'est d'Elsasshausen et battent le village. Elsasshausen incendié n'est plus tenable ; c'est le moment où le général de Bose, aidé d'une partie du Ve corps, lance toutes ses troupes en avant, et malgré une résistance désespérée, le village est pris par les XIe et Ve corps complètement mêlés.

A gauche, à l'ouest d'Eberbach, le 32e régiment du XIe corps marchait vers Reichshoffen, tandis que les batteries se portaient en avant et autour d'Elsasshausen, à 2,000 mètres de Frœschwiller, écrasant d'obus l'armée française et sa dernière position forte.

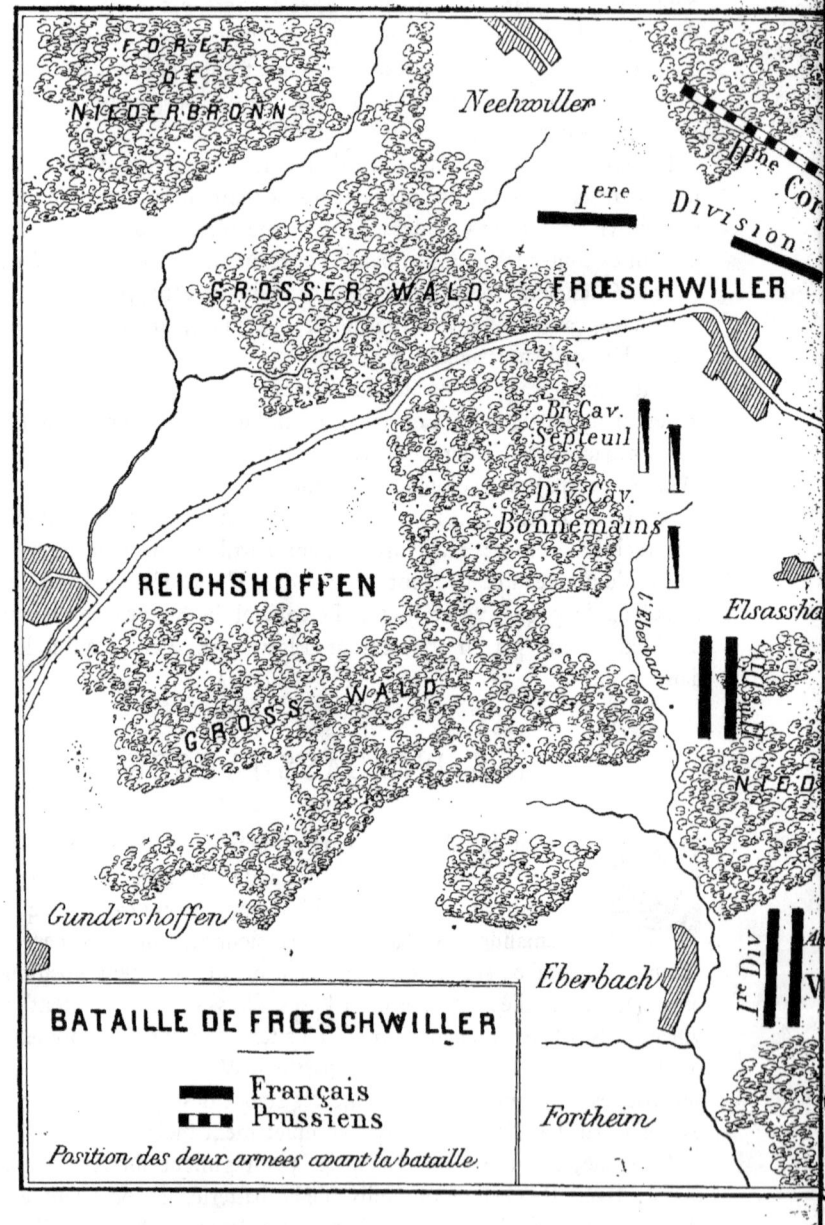

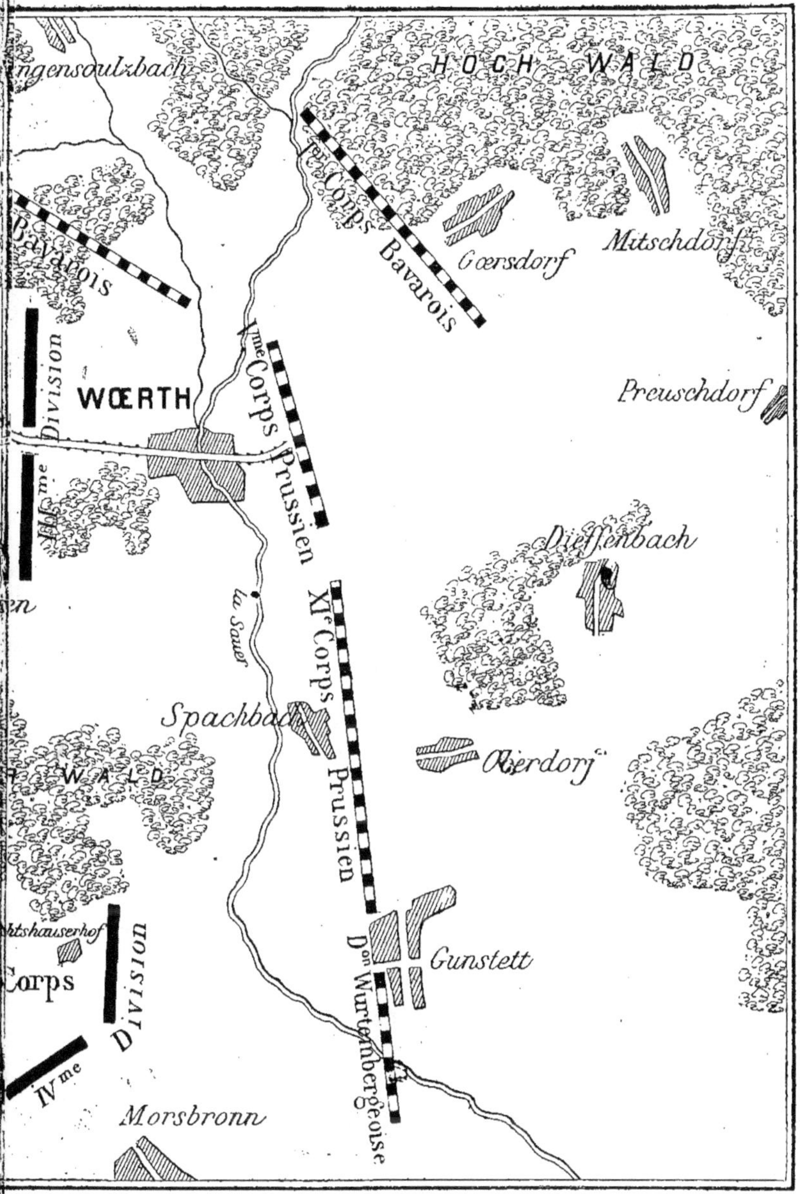

ngensoulzbach
HOCH WALD
Ier Corps Bavarois
Bavarois
Gœrsdorf
Mitschdorf
Vme Corps Prussien
WŒRTH
IIIme Division
Preuschdorf
Dieffenbach
la Sauer
XIe Corps Prussien
Spachbach
Oberdorf
WALD
htshauserhof
Corps
Gunstett
Don Wurtembergeoise
Division
IVme
Morsbronn

LA CHARGE DES CUIRASSIERS

Elsasshausen aux mains de l'ennemi, la situation devenait terrible, la retraite même était compromise.

L'infanterie française tente un suprême effort pour reprendre la position qu'elle vient de perdre, mais elle est dispersée et massacrée par les nombreuses batteries établies par les Allemands sur toute la ligne des hauteurs.

C'est alors que le maréchal de Mac-Mahon veut encore faire une suprême tentative et essayer d'entraver le mouvement des V⁰ et XI⁰ corps sur Frœschwiller, et il donne à la division de cavalerie Bonnemains l'ordre de charger.

Comme leurs camarades du 8⁰ et du 9⁰, à Morsbronn, les héros des 1ᵉʳ, 2⁰, 3⁰ et 4⁰ cuirassiers vont à la mort.

Les troupes prussiennes qui allaient les recevoir étaient :

Les 1ᵉʳ bataillon du 94⁰ ; — bataillon de fusiliers du 88⁰ ; — 1ᵉʳ bataillon du 83⁰ ; — bataillon de fusiliers du 82⁰, avec divers ; 3 pièces de la 5⁰ batterie lourde ; 1ʳᵉ batterie à cheval ; — 6⁰ et 2⁰ batteries légères ; 1ʳᵉ et 2⁰ batteries lourdes (à l'est d'Elsasshausen) ; 3⁰ batterie à cheval ; 5⁰ batterie légère (à l'ouest d'Elsasshausen) pour le XI⁰ corps ; — les 5⁰ et 6⁰ compagnies du 59⁰ ; — 1ᵉʳ bataillon du 7⁰ ; 2⁰ bataillon du 50⁰ ; — 1ᵉʳ bataillon du 50⁰ avec parties des diverses compagnies des 6⁰, 46⁰, 57⁰, pour le V⁰ corps.

La division Bonnemains était en réserve dans un pli de terrain ; l'espace qu'elle avait à parcourir se trouvait malheureusement des plus défavorables, coupé de fossés et semé d'arbres à hauteur d'homme.

Alors commence la grande épopée, dont tout Français devra conserver l'éternelle mémoire.

Patrie ! ceux qui vont mourir pour toi te saluent !

Le 1er cuirassiers, commandé par le colonel Vandeuvre, s'élance et charge par escadrons : dès le commencement un fossé arrête les cavaliers et rompt leurs rangs. Ils sont forcés de faire demi tour sous le feu d'enfer vomi du milieu des vignes et des houblonnières où se cache l'ennemi, tandis que les batteries tirent sur eux à obus et à mitraille. Les pertes sont effroyables.

A gauche, le 4e cuirassiers, entraîné par le colonel Billet, galoppe sur un espace de plus de 1,000 pas pour trouver un terrain favorable, tandis que la trombe de fer et de feu ne cesse pas; il est dispersé par ses invisibles ennemis. Le colonel blessé est fait prisonnier par le 2e bataillon du 58e (V^e corps).

Le 2e cuirassiers charge à son tour, par demi régiment et perd, en officiers 5 tués, de nombreux blessés, plus 129 hommes et 250 chevaux. C'est une véritable hécatombe.

Le 3e cuirassiers subit un sort aussi épouvantable, bien que la moitié seulement du régiment ait chargé. Son colonel, M. Lafutsun de Lacarre est littéralement décapité par un obus; 6 officiers sont tués, ainsi que 70 hommes et 70 chevaux.

Malheureusement ce grand dévouement ne peut plus sauver l'armée française. Le dernier effort contre Elsasshausen est terminé, et des deux côtés du village débouchent les têtes de colonne de la 2e brigade wurtembergeoise (général-major de Starkloff).

Il était un peu plus de 3 heures, et le chef d'état-major du maréchal de Mac-Mahon, le général Colson, venait d'être tué près de lui d'une balle au front.

FRŒSCHWILLER

ésormais, il ne s'agit plus que de disputer pied à pied le terrain, de le faire payer le plus cher possible à l'ennemi, à ces masses énormes et successives, à ces colonnes profondes auxquelles, de son poste d'observation sur la colline entre Wœrth et Dieffenbach, le Prince Royal envoie constamment l'ordre de se porter en avant.

C'est la lutte héroïque et désespérée du petit nombre contre la foule.

Toujours et toujours arrivent de nouvelles troupes fraîches pour écraser cette poignée de héros qui se bat sans relâche et sans renfort contre un ennemi toujours renaissant.

A quatre heures, c'est enfin toute l'armée allemande, en masse compacte et profonde, avec ses cinq corps d'armée parfaitement reliés entre eux, qui s'avance pour enlever Frœschwiller.

De tous les points, de l'Est, du Nord et du Sud, les obus et les balles pleuvent sur le village en feu. Mais la résistance est énergique. Le général de Bose est grièvement blessé pour la seconde fois; deux officiers d'ordonnance tombent morts, ainsi que le lieutenant d'état-major de Heineccius; le chef d'état-major, général de Stein, a son cheval tué sous lui, et le major Kasch du 87e est tué.

Cependant la fin va arriver. Un bataillon wurtembergeois tourne la position par la droite, du côté de Reichshoffen. Au Sud le XIe corps avance toujours. Par l'Est et par le Nord accourent le Ve corps et les Bavarois.

Frœschwiller flambe; les Français se battent rue par rue, maison par maison, follement. Le colonel Suzzoni du 2ᵉ tirailleurs algériens (brigade Lefebvre, division Raoult) avait été tué en avant du village; puis le colonel Franchessin du 96ᵉ de ligne (brigade Wolff, division Ducrot). Là tombe, mortellement blessé, le général de division Raoult.

L'heure suprême a sonné : Frœschwiller, un amas de décombres, est pris. L'armée française, poursuivie par un implacable ennemi, bat en retraite sur Reichshoffen, rendant coup pour coup et se fusillant avec lui dans le Grosser Wald.

Cette bataille perdue, c'était l'Invasion, la France mortellement blessée.

PERTE DES DEUX ARMÉES

La bataille de Frœschwiller avait été beaucoup plus meurtrière pour les vainqueurs que pour les vaincus, l'armée française n'ayant pu être battue que par le nombre.

Les pertes se répartissaient de la manière suivante :

Armée française :

4,000 hommes tués ou blessés.
200 officiers et 9,000 hommes fait prisonniers.

Armée allemande :

10,153 hommes mis hors de combat;
489 officiers   —   —

   dont voici le détail :

106 officiers tués;
383 officiers blessés;
1,483 hommes tués;
7,297 hommes blessés;
1,373 hommes disparus.
2 généraux et 15 colonels avaient été atteints.

PANORAMA

a charge des cuirassiers vient d'avoir lieu, épouvantable, meurtrière; le terrain qu'ils ont parcouru est jonché de cadavres et de blessés. Les masses ennemies s'avancent de toutes parts couvrant les collines jusqu'à l'horizon; sous les ordres du colonel Suzzoni et du commandant Du Housset, une dernière poignée de Français, des héros de toutes armes, se font tuer en disputant le sol pied à pied contre des milliers d'Allemands : il est quatre heures. C'est le moment terrible choisi par les peintres, comme une note sombre destinée à perpétuer dans les cœurs Français le souvenir et l'exemple d'un inoubliable héroïsme.

Pour bien étudier l'action, le spectateur devra, sur la plateforme, se placer d'abord face au couchant, où, sur le fond bleu des Vosges, dans un creux en arrière des derniers arbres du Grosser Wald, se détache le clocher lointain de Reichshoffen.

Derrière la hauteur couronnée d'arbres se tenait la division du général Bonnemains (1er, 2e, 3e et 4e régiments de cuirassiers) avant de recevoir l'ordre de charger.

Gravissant la colline, les cuirassiers ont chargé dans la direction d'Elsasshausen, à travers les prairies, les terres labourées et le chemin creux, essayant de remonter jusqu'au plateau, d'où les foudroyaient huit batteries Prussiennes. Tout le parcours est semé de cadavres, de blessés, de caissons, de chevaux. Là fut blessé et pris le colonel Billet du 4e; là fut tué le colonel Lafutsun de Lacarre du 3e, qui eût la tête emportée par un obus.

L'officier blessé, soutenu par un cuirassier, est le commandant Broutta, dont le bras gauche fut coupé net.

Puis, la ligne montagneuse s'abaissant, on aperçoit à l'extrême horizon la masse grisâtre de la Forêt-Noire, la direction de Strasbourg, et derrière les sommets d'où descendent les batteries ennemies, le Nieder Wald et Morsbronn, tombeau des 8e et 9e cuirassiers (brigade Michel) et du 6e lanciers de la brigade Nansouty.

De chaque côté d'Elsasshausen en flammes descendent des troupes prussiennes appartenant aux XIe et V^e corps et des Wurtembergeois, jusqu'au cuirassier brûlant la cervelle à un officier prussien à cheval.

Maintenant le spectateur remarquera les collines jaunes du fond, les hauteurs de Gunstett, avec le peuplier, au pied duquel se tenait le commandant en chef de la IIIe armée, le Prince Royal de Prusse. Dans le creux on distingue Wœrth. Au premier plan arrivent, drapeau déployé, les troupes prussiennes appartenant aux Ve et XIe corps (généraux de Kirchbach et de Bose).

Ce qui domine ensuite à l'horizon c'est la masse verdoyante du Hoch Wald, devant lequel se trouve le village de Gœrsdorf. Les masses allemandes se lancent dans la direction de Frœschwiller; engagements corps à corps dans la fumée.

Plus on se rapproche du dernier village occupé par la division française du général Ducrot (1re du 1er corps), plus la lutte est acharnée. Depuis la ligne d'horizon les batteries et les tirailleurs prussiens écrasent la position de leurs feux. Dans les houblonnières on se bat à bout portant. L'officier en bleu, les bras croisés, est le colonel Suzzoni, du 2e tirailleurs algériens, qui fut tué à cette place. Plus bas, celui qui tient son sabre à deux mains, est le commandant Du Housset, qui, échappé au massacre, a été plus tard, dans Frœschwiller, mis en liberté par ordre du Prince Royal, auquel le général Raoult blessé à mort le présentait.

Derrière Frœschwiller en feu, s'étendent la forêt de Sulzbach et Langen-Sulzbach, puis les dernières lignes françaises avec artillerie.

Enfin, en revenant vers Reichshoffen, les masses sombres du Grosser Wald et la forêt de Niederbronn. Dans la plaine le point de ralliement des cuirassiers survivants de la division Bonnemains.

Il est quatre heures, et depuis Eberbach jusqu'à la hauteur placée au Sud-Est de Neehwiller, toute la ligne allemande s'avance concentriquement sur Frœschwiller, menaçant déjà la retraite vers Reichshoffen.

NOTA

L'auteur de la remarquable façade du Panorama, un des monuments de Paris, de la rotonde et de toutes les autres parties de la construction, est M. Charles Garnier, l'éminent architecte de l'Opéra. Dans ce beau travail il s'est adjoint son inspecteur, M. Charles Reynaud.

MM. Th. Poilpot et Stephen Jacob sont les peintres de la toile panoramique.

M. Métayer, décorateur de l'Opéra, a fait les terrains naturels.

Enfin nous devons à M. Jules Talrich, le modeleur statuaire dont on connaît le curieux atelier, boulevard Saint-Germain, les figures de cire représentant d'une manière si étonnante et si vraie les cadavres étendus sur les terrains naturels.

Quant aux superbes mosaïques de la façade, exécutées par M. E. Paris, du Bourget, elles ont cet intérêt tout spécial que c'est une véritable consécration de l'art de la mosaïque comme national, car elles ont été faites par des ouvriers français avec des matériaux français, sans aucun concours étranger.

PLAN DÉTAILLÉ DU PANORAMA

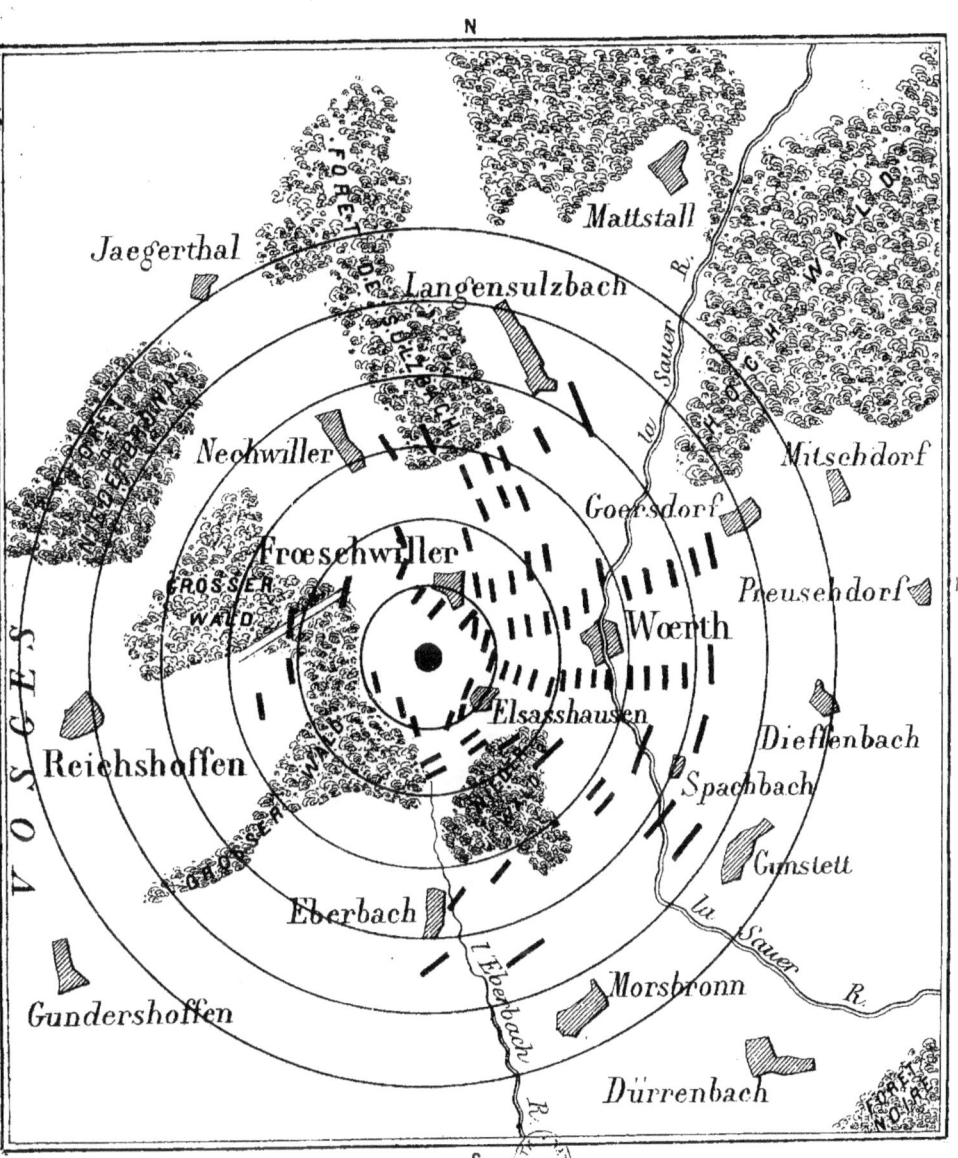

━━ Français.
━━ Prussiens marchant sur Frœschwiller et Reichshoffen.
⎯ ⎯ Espace parcouru par la charge des Cuirassiers.
● Plate-forme ou se tient le Spectateur.

www.ingramcontent.com/pod-product-compliance
Lightning Source LLC
Chambersburg PA
CBHW060908050426
42453CB00010B/1612